BIBLIOTHÈQ

DES V

TOME

E PORTATIVE

YAGES.

.XVIII.

BIBLIOTHÈQU

DES VO

TRADUITE

PAR MM. HENI

TOME

ATLAS DU TROISIÈ

PAA

Chez M.me V.e LEPETIT, Libraire e

18

E PORTATIVE

YAGES,

L'ANGLAIS

ET BRETON.

XVIII.

VOYAGE DE COOK.

S,

e Pavée-Saint-André-des-Arcs, N.° 2.

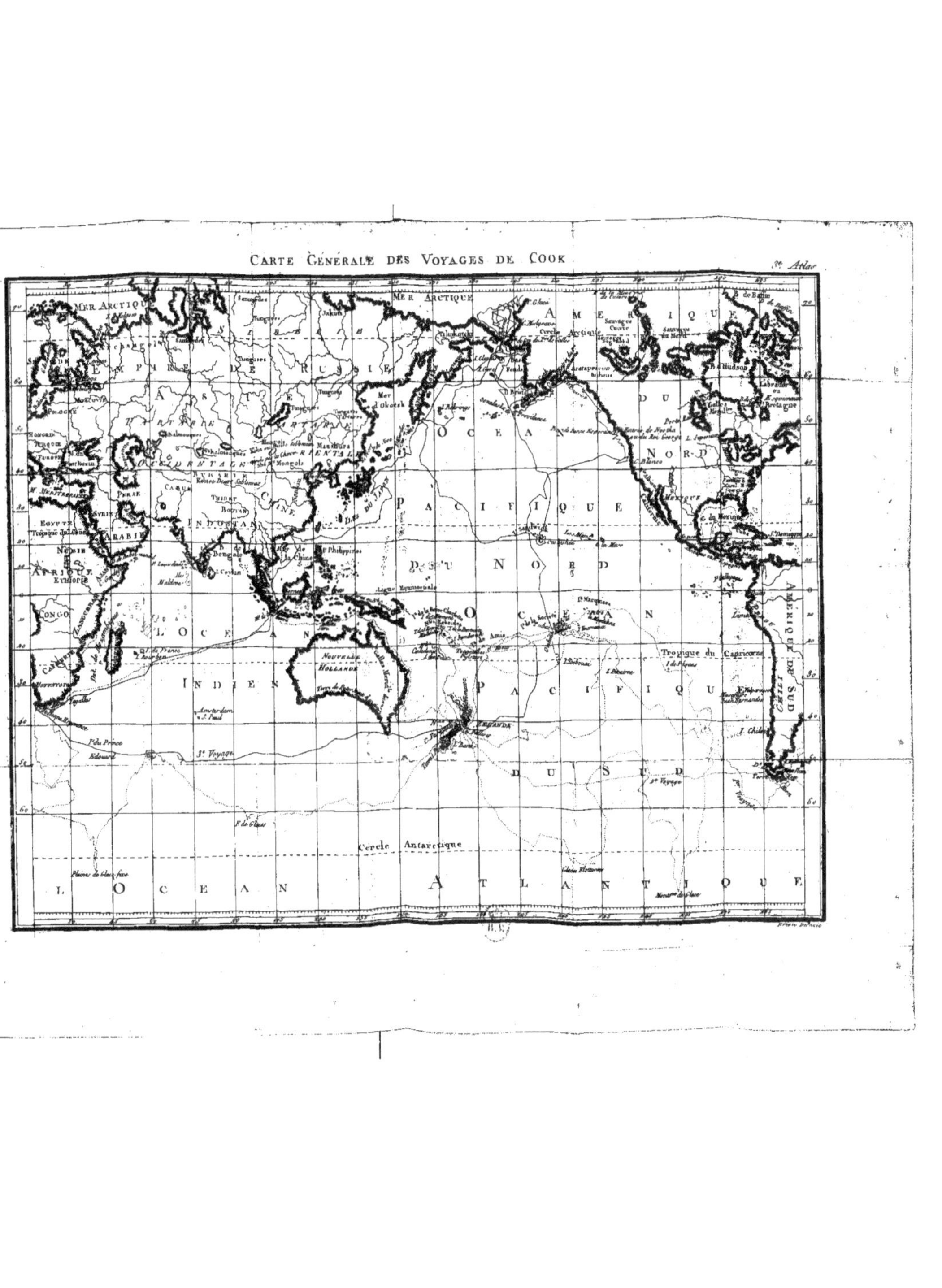
Carte Générale des Voyages de Cook
3e. Atlas
Mer Arctique
Empire de Russie
Asie
Tartarie
Mer d'Okotsk
Chine
Indostan
Perse
Arabie
Egypte
Tropique du Cancer
Afrique
Ethiopie
Congo
Bengale
I. Ceylan
Isles du Japon
Mer de la Chine
Isles Philippines
Ligne Equinoxiale
Nouvelle Hollande
Océan Indien
Amsterdam
S. Paul
Cap de Bonne Espérance
I. du Prince Edouard
3e. Voyage
Nouvelle Zelande
Océan Pacifique du Nord
Océan Pacifique du Sud
Amérique
Du Nord
Amérique du Sud
Cercle Arctique
Tropique du Capricorne
Cercle Antarctique
Océan Atlantique
Isles de Glace
Labrador
B. d'Hudson
Golfe du Mexique
I. Sandwich
Isles des Amis
Is. de la Société
Is. Marquises
I. de Pâques
I. Chiloé
Terre de Feu
2e. Voyage

Pl. 1.

Mort

3.e Atlas

Brion Direxit

Cook.

Pl. 2.

Intérieur

3e. Atlas

...e Hippah.

Pl.3.

Poulaho, Roi des Iles des Amis.

Atlas. Pl. 19.

Jeune femme de l'Isle Sandwich.

Brion Direxit

Pl. 4.

Femme d'Eaoo.

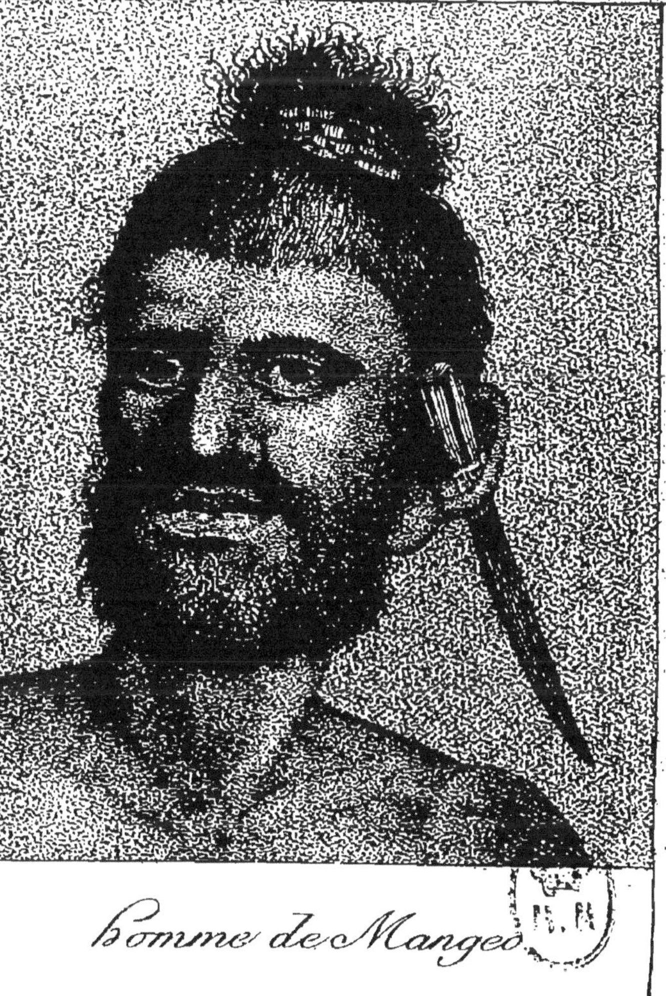

Homme de Mangeo

Brion Direxit

Pl. 5.

Corps

3e. Atlas

Brion Direxit

Chée

Pl. 6.

Jeune Otahitienne.

Pl. 78.

Danseur des Iles Sandwich.

Brion Direxit.

Pl. 7.

Danse

3.e Atlas.

Brion Direxit

Otahiti.

Pl. 8.

Ile d

3.e Atlas

...s Huaheine.

Pl. 9.

Cimetiè

3e. Atlas

… d'Atooi.

Pl. 70.

Intérieur

3.e Atlas.

...se Moraï.

Pl. II.

Habitation

3.e Atlas.

Brion Direxit

…de Nootka.

Pl. 72.

Intérieur d'une s

3e Atlas.

Brion Direxit

saison de Nootka.

Pl. 13.

Anse du Pr[illegible]

3e. Atlas

...g. Guillaume.

Pl. 14

Canots

...nalaska.

Pl. 15.

les Co

9e Atlas.

Brion Direxit.

...tskys.

Pl. 16

Morses, ou

3e Atlas.

Brion Direxit

...vaux de mer.

Pl. 17.

Naturels

3.e Atlas.

Brion Direxit

...Unalaska.

Les planches 18 et 19 tiennent
des planches 3 et 6 de ce ca-
hier

Pl. 20.

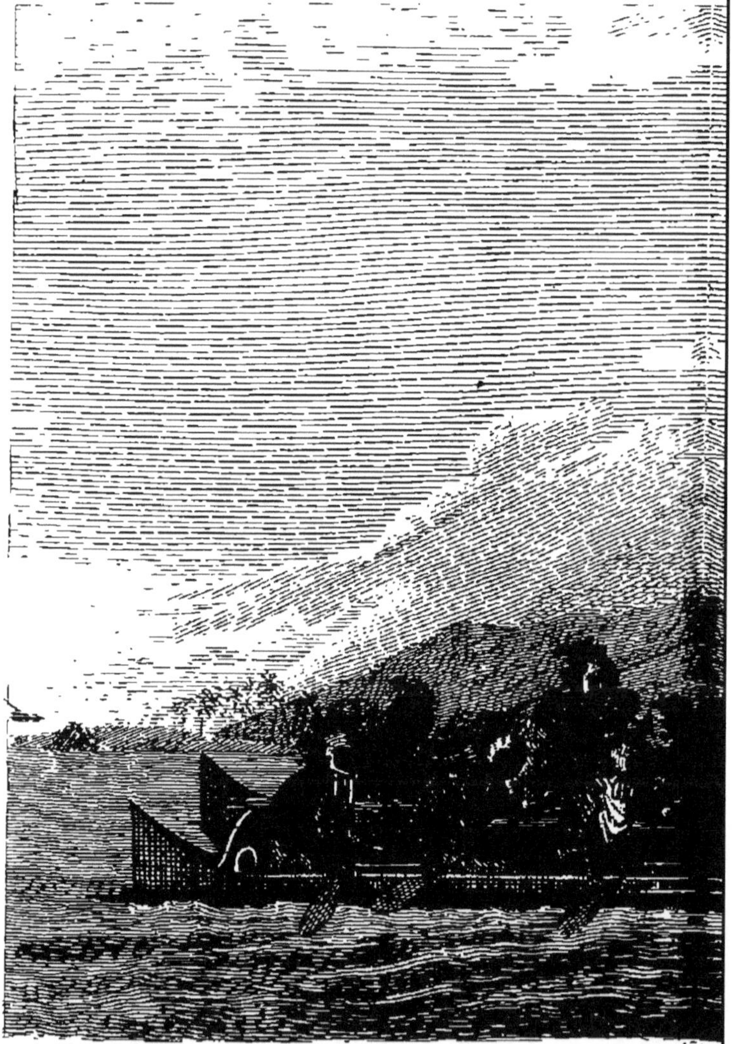

Pirogue et hommes ma

3e. Atlas.

...sés de l'Ile Sandwich.

Pl. 21

Traineau da...

3.e Atlas.

Brion Direxit

...amschatka.

Pl. 22.

Havre de S.t Pierre e

3e Atlas

Brion Direxit

St. Paul, au Kamschatka.

www.ingramcontent.com/pod-product-compliance
Lightning Source LLC
LaVergne TN
LVHW020424230826
846091LV00004B/1406
9782013685412